우리 민족이 맨 처음 세운 고조선

고조선을 왜 비파형 동검의 나라라고 하나요?

글 송호정 | 그림 이인숙

다섯수레

**고조선을 왜 비파형 동검의
나라라고 하나요?**

처음 펴낸 날 | 2007년 8월 25일
개정증보판 펴낸 날 | 2014년 9월 25일
개정증보2판 펴낸 날 | 2021년 12월 15일

글 | 송호정
그림 | 이인숙

펴낸이 | 김태진
펴낸곳 | 다섯수레
주소 | 경기도 파주시 광인사길 193 (우 10881)
전화 | 02)3142-6611 (서울 사무소)
팩스 | 02)3142-6615
홈페이지 | www.daseossure.co.kr
등록번호 | 제 3-213호
등록일자 | 1988년 10월 13일

인쇄 | (주)로얄프로세스
제본 | (주)책다움

ⓒ 송호정 2021

ISBN 978-89-7478-444-7 74910
ISBN 978-89-7478-445-4(세트)

이 책을 쓴 송호정 선생님은 서울대 국사학과를 졸업하고 같은 대학의 대학원에서 한국 고대사와 역사 고고학 전공으로 석사와 박사 학위를 받았습니다. 지금은 한국교원대학교 역사교육과 교수로 계십니다.

그림을 그린 이인숙 선생님은 대학에서 응용미술을 공부하고, 영국 킹스턴 대학교의 SPI 과정을 수료했습니다.

평안북도 영변의 청천강에 선 송호정 선생님

차례

4 고조선은 어떤 나라인가요?
5 고조선 사람들은 어디에서 살았나요?
6 단군의 어머니는 곰이었나요?
7 고조선의 지배자는 신과 이야기를 나누었나요?
8 고조선의 왕성은 어디에 있었나요?
8 참성단은 어떤 곳인가요?
9 개천절은 고조선과 어떤 관련이 있나요?
9 단군의 무덤이 북한에서 발견되었다는데 사실인가요?
10 고조선을 왜 비파형 동검의 나라라 하나요?
10 비파형 동검과 중국식 동검은 어떻게 다른가요?
11 고조선의 제사장은 왜 청동 방울을 흔들었나요?
12 청동기는 어떻게 쓰였나요?
13 청동 거울은 어디에 쓰였나요?
14 고조선은 어느 나라와 무역했나요?
14 외국 사람이 좋아한 고조선의 특산물은 무엇인가요?
15 외국과 무역할 때 물건 값은 무엇으로 치렀나요?
15 고조선 사람들은 먼 거리를 갈 때 무엇을 타고 다녔나요?
16 고조선 사람들은 왜 바위에 그림을 그렸나요?

17 고조선에 문자가 있었나요?
18 고조선에서는 어떤 사람들이 나라를 다스렸나요?
18 위만은 어떤 사람인가요?
19 고조선에도 법이 있었나요?
19 고조선에도 노예가 있었나요?
20 고조선에도 천문학자가 있었나요?
20 고조선 사람들은 어디에서 제사를 지냈나요?
22 고조선 사람들은 죽으면 어떤 무덤에 묻혔나요?
23 고인돌 무덤은 왜 탁자나 바둑판 모양인가요?
24 고조선 사람들은 농사를 지었나요?
25 고조선 사람들은 어떤 농기구를 썼나요?
26 고조선 사람들은 어떤 음식을 먹었나요?
26 고조선 사람들은 어떤 그릇을 썼나요?
27 표주박처럼 생긴 미송리형 토기는 어디에 쓰였나요?
28 고조선 사람들은 어떤 옷을 입었나요?
28 고조선 사람들은 어떤 집에서 살았나요?
29 고조선 사람들도 온돌을 썼나요?

29 고조선의 마을은 어떻게 이루어졌나요?
30 고조선 왕의 무덤은 어디에 가면 볼 수 있나요?
30 고조선의 왕실은 왜 흉노족과 손을 잡고 힘을 길렀나요?

31 고조선은 왜 한나라와 전쟁을 벌였나요?
31 전쟁이 일어나면 누가 나가 싸웠나요?
32 고조선 사람들은 어떤 무기로 싸웠나요?
33 한나라가 침입하자 왕검성을 끝까지 지킨 사람은 누구인가요?
34 고조선이 망한 후 그 지역은 어떻게 되었나요?
34 중국 사람 기자가 고조선의 왕이 되었다는데 사실인가요?
35 《삼국사기》에는 왜 고조선의 역사가 기록되지 않았나요?
35 고조선 사람들이 살던 모습을 어떻게 알 수 있지요?

36 우리 역사상 첫 국가 고조선
40 찾아보기

고조선은 어떤 나라인가요?

고조선은 우리 민족이 맨 처음 세운 나라예요. 한반도 주변에는 구석기 시대인 약 70만 년 전부터 사람들이 살았어요. 농사를 짓기 시작한 신석기 시대를 지나 청동기를 쓰기 시작하면서 재산과 힘을 지닌 사람들이 나타나 커다란 마을을 이루었지요. 부여와 훗날 고구려를 세우는 예맥족이 이웃한 작은 부족들을 아우르면서 기원전 8~7세기쯤 마침내 고조선을 세웠어요. 고조선의 왕과 지배자들은 고인돌과 비파형 동검을 쓰다가 차츰 철기와 함께 나무널무덤과 세형 동검을 썼어요. 고조선은 한때 중국의 연나라와 대립하고, 한나라의 침입을 일 년 넘게 막아 낼 정도로 강성한 나라였어요.

청동기 시대의 대표적인 마을 터

울산 검단리에 있는 청동기 시대의 대표적인 마을 유적이에요. 집터가 100채 가까이 되는 큰 마을 터이지요. 사람들은 여럿이 모여 살며, 함께 농사를 짓고 가축을 길렀어요.
마을 주위에는 도랑을 빙 둘러 파고 나무 울타리를 세워, 마을의 경계를 표시하는 한편 외부의 침입자도 막았지요.

● 고조선이라는 나라 이름은 어떻게 붙여졌나요?

원래 '조선'은 조선 땅에 흐르던 강 이름에서 비롯되었어요. 조선강 유역에 살던 집단이 점점 성장해 하나의 나라를 이루자, 나라 이름을 조선이라고 한 것이죠. 이 조선을 훗날 이성계가 세운 '조선'과 구별하기 위해 '옛 조선'이라는 뜻으로 '옛 고(古)'를 넣어 '고조선'이라고 부르게 되었어요.

고조선 사람들은 어디에서 살았나요?

고조선 사람들은 만주 랴오둥(요동) 지방과 한반도 서북 지방에서 살았어요. 고조선에 대한 역사 기록이 부족해 정확한 위치를 알 수 없지만, 많은 역사가들은 우리 민족의 청동기 문화를 대표하는 비파형 동검과 고인돌이 많이 발견되는 랴오허(요하) 동쪽에서 한반도 서북 지방까지를 고조선이 다스렸던 곳으로 보고 있지요. 이후 철기와 함께 나무널무덤과 세형 동검을 사용하는 사회로 변화하면서 고조선 사람들은 차츰 부근에 있는 진번, 임둔, 동옥저 같은 여러 작은 나라들을 통합했어요.

● 고조선의 세력권은 어디까지인가요?

고인돌, 미송리형 토기, 비파형 동검 등 고조선의 청동기 문화를 특징짓는 유물과 유적은 랴오허 동쪽에서 한반도 서북 지방에 널리 퍼져 있어요. 역사 학자마다 의견이 다르지만 대체로 우리 민족의 청동기 문화권을 고조선의 영향을 받은 곳으로 보고 있지요.

단군의 어머니는 곰이었나요?

고조선의 건국 신화인 단군 신화에 따르면 하늘신의 아들 환웅과 굴속에서 100일 동안 쑥과 마늘을 먹고 곰에서 사람이 된 웅녀가 결혼하여 낳은 단군이 고조선을 세웠다고 해요. 그러나 이 이야기는 실제 있었던 일은 아니에요. 단군 신화는 환웅같이 바깥에서 온 우수한 주민 집단이 마늘과 쑥을 먹는 곰 숭배 주민 집단과 연합해 고조선을 세웠다는 사실을 말해 줍니다.

● **단군왕검은 누구인가요?**

고조선의 지배자인 단군왕검은 어느 한 사람을 가리키는 이름이 아니에요. 단군왕검은 제사장을 뜻하는 '단군'과 정치 지배자를 뜻하는 '왕검'이 합쳐진 말이지요. 단군왕검은 하늘에 제사를 지내고 백성을 다스리는 임금이에요. 고조선 사람들은 자신들의 지배자를 하늘과 연관시켜 생각한 것이지요.

각저총의 곰과 호랑이

고구려의 고분인 각저총의 벽화에는 씨름하는 사람들 왼쪽에 커다란 나무 아래로 곰과 호랑이가 보여요. 이 그림을 통해 고조선을 이은 고구려에도 단군 신화가 전해졌다는 것을 알 수 있지요.

● 나라에 흉년이 들면 임금을 처형했나요?

왕은 백성들의 어려움을 보살펴 주는 존재였어요. 만약 날씨가 고르지 못해 한 해 농사를 망치면 백성들은 그 책임을 물어 왕을 죽이거나 새로운 왕을 뽑기도 했어요.

고조선의 지배자는 신과 이야기를 나누었나요?

고조선의 지배자들은 단군 신화에 나오는 환웅처럼 바람신, 비신, 구름신을 거느리며 농사, 생명, 질병, 형벌, 선악의 문제를 해결하는 제사장이기도 했어요. 고조선의 지배자들은 중요한 일이 생기면 신성한 곳에 모여 하늘에 제사를 지내거나 하늘의 뜻을 살피는 점을 치면서 신과 이야기를 나누었어요.

고조선의 왕성은 어디에 있었나요?

문헌에는 왕검성이 고조선의 도성으로 기록되어 있지만, 불행히도 왕검성 유적은 찾지 못했어요. 다만 왕검성이 있던 곳에 한나라 사람들이 낙랑 토성을 쌓았다고 하니, 왕검성은 분명 낙랑 토성 유적이 있는 대동강 유역에 있었을 거라고 짐작할 뿐이지요. 고조선의 지배자들은 대동강을 사이에 두고 남북에 걸쳐 언덕과 낮은 산기슭에 흙을 층층이 다져 올려 토성을 쌓고, 그 안에서 살면서 통치했을 거예요.

대동강 유역에 남아 있는 낙랑 토성
고조선의 도성인 왕검성은 대동강 북쪽에 있었는데, 지금은 그 정확한 지점을 알 수 없고 다만 대동강 남쪽에 남아 있는 낙랑 토성을 통해 그 모습을 짐작해 볼 수 있어요.
고조선의 지배자들은 왕검성 안에서 살면서 통치하고, 백성은 밖에서 살았을 거예요.

참성단은 어떤 곳인가요?

강화도 마니산 꼭대기에 있는 참성단은 단군이 하늘에 제사를 지내기 위해 쌓은 단이라는 전설이 있어요. 삼국 시대 왕들도 이곳에서 제사를 지냈다고 해요. 지금도 개천절이면 대종교를 비롯해 단군을 받드는 종교 단체가 이곳에서 제사를 지내고, 전국 체육 대회의 성화도 참성단에서 햇빛을 모아 불을 붙여요. 하늘의 뜻에 따라 거룩한 잔치를 벌인다는 의미지요.

강화도 마니산의 참성단
후대 사람들이 단군을 겨레의 시조로 숭배하면서 제단을 다시 꾸미고 신성한 구역으로 삼았어요.

● **언제부터 참성단에서 단군의 제사를 지냈나요?**
몽골의 침입 당시 강화도로 도읍을 옮긴 고려 정부는 백성들의 원망을 잠재우고, 이 땅의 모든 사람이 단군의 한 핏줄이니 함께 위기를 헤쳐 나가자는 뜻을 강조해야 했어요. 그래서 참성단을 단군의 제사 유적으로 기리기 시작한 것으로 보여요.

개천절은 고조선과 어떤 관련이 있나요?

개천절은 우리 민족의 역사가 시작된 뜻깊은 날이에요. 우리 겨레는 예로부터 외적이 쳐들어오거나 어려운 일이 생기면 단군의 자손이라고 생각하며 똘똘 뭉쳐 나라를 지켰어요. 그러한 정신을 되새기고자 개천절을 국경일로 정한 것이지요. 개천절은 고구려의 동맹, 부여의 영고 같은 제천 행사에 그 뿌리가 있어요. 고려 시대 이후에는 마니산의 참성단, 구월산의 삼성사, 평양의 숭령전에서 각각 단군에 대한 숭배 의식을 거행해 왔지요. 일제 강점기 때 상하이에 있던 임시 정부는 개천절을 국경일로 정해 기념식을 지냈고, 해방 후 대한민국에서는 이 정신을 이어 개천절을 양력 10월 3일로 바꾸어 국경일로 정식 제정했어요.

단군 성전에서 열리는 개천절 대제

해마다 10월 3일 개천절이 되면 단군의 위패와 영정을 봉인한 단군 성전에서 개천 대제가 열려요. 위 사진은 서울 종로구 사직공원 안의 단군 성전에서 현정회가 주관한 개천 대제의 모습이에요.

● '개천절'이란 말은 어떻게 시작되었나요?

단군을 섬기는 대종교에서는 '개천'이란 단군이 하늘신인 환인의 뜻을 받아 처음으로 하늘 문을 열고 태백산 신단수 아래에서 일을 시작한 서기전 2457년 음력 10월 3일을 뜻한다고 여겨요. 여기서 개천절이라는 이름의 국경일이 비롯되었어요.

단군의 무덤이 북한에서 발견되었다는데 사실인가요?

북한이 단군의 뼈를 발굴했다고 주장하며 다시 세운 단군릉

1993년에 북한은 단군의 뼈를 발굴했다면서 단군의 무덤을 큰 규모로 지었어요. 이 무덤 안에서 단군과 그 부인의 뼈와 금동관 장식이 발굴되었다고 해요. 북한은 이를 근거로 단군이 실존 인물이며 평양에서 태어나 자랐다고 주장했어요. 그러나 북한이 공개한 단군과 부인의 뼈는 실제 고구려 무덤에서 나온 것이에요. 아마도 북한 사람들은 우리 역사가 대동강 유역에서 맨 먼저 꽃피었음을 말하고 싶어서 그렇게 발표한 것 같아요.

고조선을 왜 비파형 동검의 나라라고 하나요?

학자들은 대개 비파형 동검이 발굴되는 지역을 고조선의 문화권으로 보고 있어요. 고조선의 청동 검은 칼날의 중간이 뾰족하고 칼몸 가운데에 위아래로 볼록한 돌기가 있어요. 그 모양이 옛 악기인 비파를 닮아 '비파형 동검'이라고 해요. 다른 나라의 청동 검과 구별되는 이 비파형 동검은 기원전 8~7세기 이후 랴오둥 지역의 청동기 문화를 특징짓는 탁자 모양의 고인돌 그리고 미송리형 토기와 함께 발굴되고 있어요.

비파형 동검(왼쪽)과 세형 동검(오른쪽)
비파형 동검의 뾰족한 끝과 칼날 중간의 볼록한 돌기는 상대에게 강한 충격과 깊은 상처를 주게끔 만들어졌어요. 비파형 동검은 차츰 날이 곧고 가는 세형 동검으로 변해요.

중국식 세형 동검
비교적 길이가 길고 칼몸과 칼자루를 한꺼번에 만들었어요. 칼자루 중간의 둥근 돌기 장식이 복숭아 씨를 닮아 '도씨검'이라고 불러요.

오르도스식 동검
길이가 짧은 단검으로, 중국 북쪽의 오르도스 고원 지역에서 많이 나와 오르도스식 동검이라고 불러요. 칼자루 끝에는 방울이나 둥근 고리 또는 대칭으로 동물무늬를 장식한 것이 많아요.

고조선 유적인 강상무덤에서 비파형 동검이 출토되었어요.

비파형 동검과 중국식 동검은 어떻게 다른가요?

비파형 동검은 칼몸과 손잡이를 따로 만들어 조립해 썼어요. 칼의 손잡이에는 검에 힘을 실어 주기 위해 돌을 매달았지요. 중국식 동검은 날이 더 곧고, 칼몸과 손잡이를 함께 만들었어요. 그래서 비파형 동검을 중국의 동검과는 구별되는 우리 청동기 문화의 대표 유물로 손꼽는 거예요.

고조선의 제사장은 왜 청동 방울을 흔들었나요?

마을의 지배자인 제사장은 신을 부르고 악령을 쫓는 의식을 치르면서 청동 방울을 흔들었어요. 제사장은 햇빛을 받아 번쩍이는 청동 거울을 목에 걸고 청동 방울을 흔들면서, 자신은 신의 뜻을 받고 있다는 것을 과시했지요. 방울이나 종소리는 본디 희망이나 성스러움을 나타내요. 오늘날 무당들이 신을 불러낼 때 방울을 흔드는 것도 아주 오래전부터 내려오는 제사 의식의 하나로 볼 수 있지요.

간두령

누에 모양 방울

가지 방울

쌍주령

팔주령과 쌍주령 등 여러 청동 방울
청동 방울은 제사 도구예요. 여덟 개의 가지 끝에 방울을 단 팔주령과 긴 막대 모양의 몸통을 서로 엇갈리게 휘어 양 끝에 방울을 단 쌍주령, 누에를 닮은 누에 모양 방울, 가지처럼 생긴 가지 방울 등이 있어요.

팔주령

간두령

실제 싸움에 쓰이기보다 제사에 올릴 짐승을 죽이거나 지배자의 힘을 과시하는 데 주로 쓰인 청동 검

하늘의 빛을 반사시키는 청동 거울

동탁

신을 부르는 청동 방울

청동기는 어떻게 쓰였나요?

약 3천 년 전쯤 우리 조상들은 이미 구리로 물건을 만들 줄 알았어요. 그런데 구리만으로는 물러서 주석이라는 금속을 섞어 단단한 청동기를 만들어 썼어요. 청동은 구리나 주석보다 훨씬 단단해 여러모로 쓰임새가 많았어요. 농기구의 발달로 농사짓는 기술이 크게 늘어 더 넓은 땅이 필요하자 사람들은 전쟁을 자주 벌였어요. 전투에는 청동으로 만든 칼과 창, 도끼, 화살촉 같은 무기들이 많이 쓰였지요.

화려한 치장에 쓰인 청동 단추
힘이 세지거나 부자가 된 지배자들은 자신을 돋보이게 하기 위해 청동으로 만든 치렛거리(장신구)를 만들어 꾸미기도 했어요.

방패 모양 청동기
방패 모양의 청동기는 제사장이 몸에 달고 사용한 듯해요. 위쪽에 끈을 매는 구멍이 있어요.

대나무 모양 청동기
제사장의 옷에 꾸몄던 것으로 보이는 대나무 모양의 청동기에는 짐승이나 사람의 손이 새겨져 있기도 해요.

● **여러 가지 청동 제품**
거울이나 방울처럼 형태가 정해지지 않고 어떤 특정 물건을 본떠 만든 청동기를 이형 청동기라고 해요. 이형 청동기에는 대개 짐승과 새 같은 동물무늬와 고사리 같은 식물무늬 그리고 사람의 모습이 새겨져 있어요. 주로 제사장이 몸에 매달고 제사를 지낼 때 위엄 있게 보이도록 무늬를 넣은 것이지요. 이 청동기들은 대개 고리를 달아 몸에 달고

청동 거울은 어디에 쓰였나요?

고조선의 청동 거울은 손잡이 달린 뒷면이 반질반질 윤이 나고 어떤 것은 오목해서 햇빛을 모아 반사시킬 수 있어요. 청동기 시대에는 제사가 부족의 가장 중요한 의식인데, 청동 거울은 이런 제사에 쓰였어요. 제사장이 방울을 흔들면서 거울에 모아진 햇빛을 반사시키면, 제사에 모인 사람들은 그 광경에 놀라 복종하게 되었지요.

청동 거울을 확대한 모양
청동 거울의 무늬는 정밀해서 거푸집에 무늬를 곧바로 새기지 않고 진흙이나 밀랍으로 무늬를 새긴 속 틀을 마련하기도 하지요.

청동 거울
청동 거울에는 햇살무늬와 별무늬, 번개무늬들이 새겨져 있어요. 옛사람들은 이렇게 하늘에서 일어나는 현상을 거울에 무늬로 새겼어요. 청동 거울은 태양을 상징하는 것으로 제사장을 신의 뜻을 대신 실행하는 존재로 믿게 하는 신비로운 의미가 담겨 있지요.

청동 거울의 거푸집

청동기 만들기
① 구리와 주석이 든 돌을 캐내 도가니에 넣고 불을 지핍니다.
② 도가니에서 구리와 주석이 녹으면 청동물이 됩니다.
③ 뜨거운 청동물을 거푸집이라고 부르는 틀에 붓습니다.
④ 다 굳기를 기다려 거푸집을 떼어 냅니다.
⑤ 만들어진 청동기의 거친 면을 숫돌에 갈아 매끄럽게 만듭니다.

고조선은 어느 나라와 무역했나요?

고조선은 국경을 맞대고 있던 중국 동북 지역의 나라들 특히 연나라와 교류를 많이 했는데, 그 흔적이 유물로 발견되고 있어요. 남쪽 함평 등지에서는 일본에서 주로 나오는 몸체의 너비가 넓은 투겁창과 꺾창이 발견되어 일본과도 교류했다는 것을 알 수 있지요. 또 다른 유물로는 중국의 연나라와 진나라가 쌓은 장성 유적의 동쪽 끝을 따라 중국의 청동 거울과 기와들이 나타나고, 평안북도 용연동에서는 청동으로 만든 칼 모양의 돈인 명도전과 쇠로 만든 무기와 농기구들이 발견되고 있어요.

● **고조선에서 발견되는 외국 유물**
중국의 화폐인 오수전이나 화천, 한나라의 거울, 점치는 뼈 등이 고조선의 땅에서 발견되는 중국 유물들이에요. 한반도의 남쪽에서는 일본의 질그릇과 너비가 넓은 꺾창, 투겁창이 발견되지요. 이 유물들은 고조선이 외국과 활발하게 교류를 했다는 증거예요.

한나라 청동 거울
한나라의 청동 거울은 대개 끈을 거는 고리가 하나예요.

오수전
중국 한나라의 돈으로, 무게를 나타내는 '오수(五銖)'라는 글자가 새겨져 있어요.

외국 사람이 좋아한 고조선의 특산물은 무엇인가요?

고조선은 반점이 박힌 짐승 가죽과 털로 만든 옷, 털로 짠 모직물 같은 다양한 섬유 생산물을 수출했어요. 싸리나무로 만든 활과 화살, 고조선의 말은 외국에서 인기 상품이었지요. 고조선에서 나오는 이러한 물건들은 경제적으로 이득이 컸어요. 그래서 고조선은 중국과 일본 같은 다른 나라들과 좋은 관계를 유지하며 먼 거리 무역을 했지요.

일본의 꺾창(왼쪽)과 투겁창(오른쪽)
일본의 꺾창은 고조선의 꺾창보다 너비가 넓어요. 꺾창은 긴 자루에 날을 직각 형태로 매달아 써요. 투겁창은 자루에 쇠로 만든 투겁을 끼워 써요.

외국과 무역할 때 물건 값은 무엇으로 치렀나요?

물건 값을 치르는 화폐로는 랴오둥 지역에서 쓰인 보배조개, 연나라 사람들이 고조선의 물품들을 살 때 쓴 명도전이 있어요. 명도전은 '명(明)'이라는 글자가 화폐의 겉면에 새겨져 있고, 모양이 중국 칼과 비슷해 붙여진 이름이에요. 한반도 곳곳에서는 덩이쇠가 돈처럼 쓰이기도 했어요. 덩이쇠는 날을 세우지 않고 자루도 없는 쇠도끼 두 점을 엇갈리게 포갠 뒤 끈으로 묶은 것이에요.

명도전
중국의 연나라에서 쓰던 화폐예요. 우리나라 서북 지방에서 많이 발견되고 있어요. 명도전을 통해 고조선이 연나라와 활발하게 무역했다는 것을 알 수 있어요.

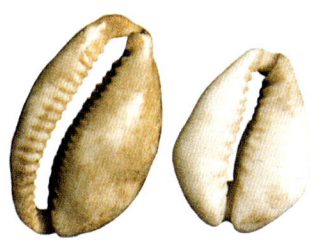

보배조개
중국의 바닷가에서만 나오는 귀중한 보배조개가 고조선의 땅에서 발견되었어요. 보배조개는 물건을 사고팔 때 돈과 같은 역할을 했어요.

덩이쇠
돈처럼 쓰인 덩이쇠예요. 덩이쇠는 여러 철기를 만드는 재료이기도 해요.

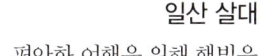

일산 살대
편안한 여행을 위해 햇빛을 가리는 일산도 있었다고 해요.

고조선 사람들은 먼 거리를 갈 때 무엇을 타고 다녔나요?

청동기 문화가 발전하면서 고조선 사람들은 배로 바닷길을 열어 다른 나라와 물품을 사고팔았어요. 또 고조선에는 중국에까지 이름이 알려질 만큼 우수한 말이 많아 수레가 육로 교통수단으로 쓰였지요. 철기 문화가 들어오면서부터는 마차까지 등장했어요.

귀족들이 타고 다닌 쌍두마차
고조선의 지배자들이 묻힌 무덤에서는 수레의 부속품들이 많이 나오는데, 그것들을 맞추어 보니 두 마리의 말이 끄는 쌍두마차였어요.

고조선 사람들은 왜 바위에 그림을 그렸나요?

고조선 사람들은 한곳에 머물러 농사를 지으면서 해와 물을 숭배하게 되었어요. 그리고 자신들이 믿는 대상이나 소원을 바위에 그림으로 남겼지요. 바위그림에는 여러 사냥 장면이 나오는데, 자연을 두려워하는 사람의 모습이 작게 그려져 있고 고래나 멧돼지 같은 사냥감이었던 짐승들이 크게 그려져 있어요. 바위그림에 다양한 동물들을 많이 그려 그 동물들이 많이 잡히기를 바라는 마음을 담았지요.

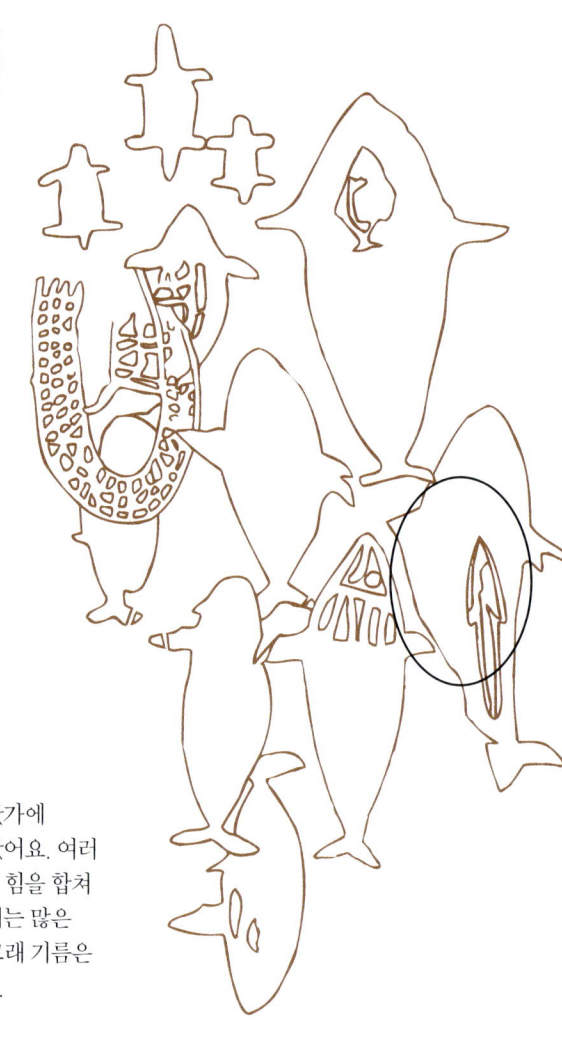

울산 반구대의 바위그림
울산 반구대의 바위그림에는 거북, 고래, 멧돼지와 함께 그물 속에 갇힌 동물들의 모습이 새겨져 있어요. 그리고 여러 짐승 사이에서 작살을 들고 사냥하는 사람들의 모습도 있어요.

작살에 맞은 고래
고래를 잡으러 갈 때는 바닷가에 모여 제사를 지낸 다음 떠났어요. 여러 명이 통나무배를 타고 나가 힘을 합쳐 고래를 잡았지요. 고래 고기는 많은 사람들이 나누어 먹었고, 고래 기름은 등불을 밝히는 데 쓰였어요.

바위에 그려진 집짐승들
반구대 바위그림에는 소와 돼지 같은 동물들이 보여요. 이것은 집에서 기르는 집짐승들이에요. 사람들이 집짐승을 많이 길렀다는 증거이지요.

수렵 생활을 보여 주는 청동기
어깨를 보호하는 갑옷 모양의 청동기에는 사냥감으로 보이는 여러 동물들의 모습이 새겨져 있어요.

먹을 가는 데 쓰이는 벼루
지탑리에서 나온 벼루예요. 다호리에서는 붓도 출토되었는데, 이것으로 보아 고조선 사회에 문자가 있었음을 알 수 있어요.

고조선에 문자가 있었나요?

고조선에는 고유의 말이 있었으니, 고유의 글도 있었을 거예요. 하지만 아직까지 고조선의 글자는 발견하지 못했어요. 고조선은 중국과 자주 교류했고, 남쪽의 창원 지역에서 한자를 쓸 때 사용한 붓이 나오는 것으로 보아 중국에서 들여온 한자로 공식 문서나 외교 문서를 적었으리라 짐작하고 있지요.

글자가 새겨진 굽다리 그릇
한자와 비슷한 부호 글자 두 개가 새겨진 굽다리 그릇이에요. 어떤 학자들은 고조선 고유의 글자로 신지 글자와 가림토 글자가 있었다고 해요. 고조선의 영토에서 나오는 그릇이나 기와에 새겨진 무늬를 중국의 초기 문자와 비교해 우리의 독특한 글자로 볼 수 있다는 거예요. 그러나 이것들은 일정한 뜻을 가진 글자로 보기에는 규칙적이지 못해 고조선의 글자라기보다 단순한 표기나 후대에 만들어진 기호로 보여요.

고조선에서는 어떤 사람들이 나라를 다스렸나요?

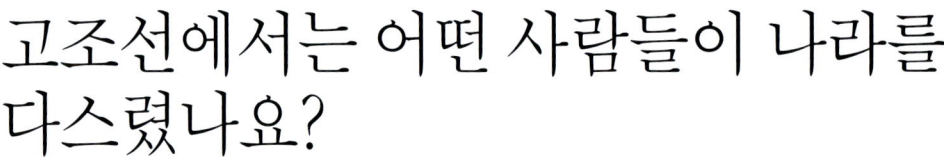

고조선에는 '박사'와 '상'이라는 관직이 있어 나라의 중요한 일을 맡아 처리했다고 해요. '상'은 지방 족장 출신으로서 왕의 고문 역할을 했어요. 고조선의 군대를 지휘하는 관직은 '장군'이에요. 그리고 "고조선의 왕이 연나라를 치려 하자 '대부'인 예가 만류했다."는 중국의 옛 책인 《위략》의 내용으로 보아 '대부'라는 관리도 있었음을 알 수 있지요. '대부'는 나라의 중요한 문제에 대해 왕에게 직접 충고할 수 있었어요.

● **고조선의 정치 구조**
고조선은 관직을 '상', 무관직을 '장군'이라 불렀어요. 중앙 관료들에게는 실무 행정을 담당하는 비왕이 있었지요. 왕은 읍락의 우두머리인 대거수나 거수를 통해 지방을 다스리기도 했어요.

위만은 어떤 사람인가요?

위만은 중국 연나라 사람이었어요. 기원전 2세기 초에 연나라가 소란스러워지자 고조선의 서쪽 변방에 머물면서 고조선 준왕의 신임을 얻었어요. 준왕은 위만이 지혜롭고 사람들을 잘 통솔하므로 위만에게 서쪽땅 100리를 주고 그 지역 주민들을 다스리게 했습니다. 그런데 위만은 점차 힘이 커지자 준왕을 몰아내고 스스로 왕이 되었어요. 위만이 다스린 이 시기를 흔히 '위만조선'이라고 하는데 정작 위만은 나라 이름을 그대로 '조선'이라고 했어요. 백성들 역시 고조선 사람들이어서 학자들은 위만조선을 준왕을 이은 고조선의 역사로 봐요.

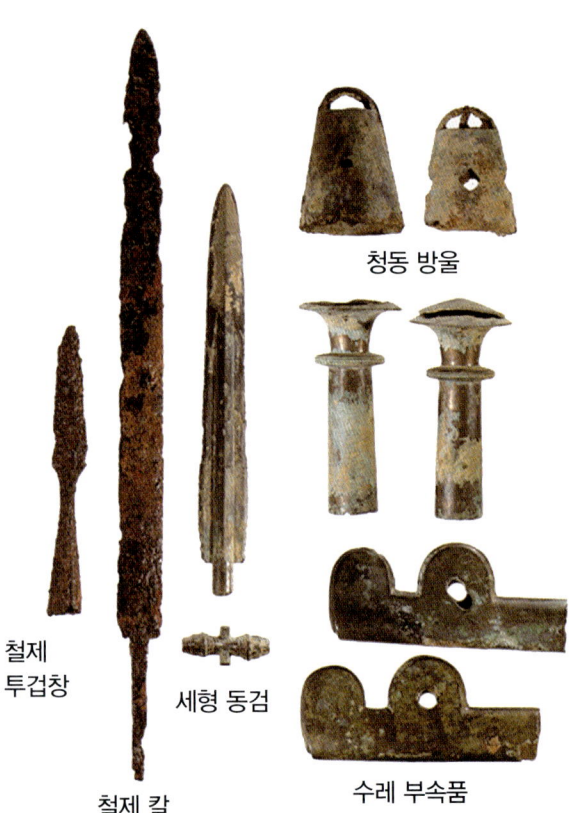

평양 상리 무덤에서 나온 고조선 유물
위만이 왕위에 있을 당시 고조선에서는 세형 동검 문화가 발달했어요. 세형 동검 문화는 세형 동검을 비롯해 중국으로부터 받아들인 철제 무기와 농기구, 수레 부속품 등이 특징이에요.

● **위만에게 쫓겨난 준왕은 어디로 갔나요?**
왕위를 빼앗긴 준왕은 자신을 따르는 신하들과 일부 백성들을 데리고 한강 이남으로 내려왔어요. 준왕은 그곳에 정착하여 나라 이름을 '한'이라 부르며 '삼한 시대'를 새로이 열었어요. 우리 '한민족'의 '한'은 여기서 비롯된 거예요.

고조선에도 법이 있었나요?

고조선에는 여덟 가지 조항을 담은 나라 법이 있었어요. 이것을 '범금팔조' 또는 '팔조금법'이라고 해요. 지금은 세 가지 조항만 전해지고 있지요. 고조선 사람들은 죄를 짓는 것을 수치스럽게 여겨 도둑질한 사람이 벌금을 물어도 그 사람하고는 어느 누구도 혼인하지 않았다고 해요. 그래서 도둑질하는 사람이 거의 없었고, 집의 대문도 닫지 않았다고 해요. 하지만 사회가 복잡해지자 법 조항이 60여 가지로 늘었다고 하지요.

범금팔조가 실린 중국의 《한서》 지리지
중국의 옛 문헌인 《한서》 지리지를 보면 고조선에는 여덟 가지 법률 조항이 있었다고 해요.

범금팔조 가운데 전해지는 세 가지 조항
❶ 사람을 죽인 사람은 즉시 사형에 처한다.
❷ 남에게 상처를 입힌 사람은 곡식으로 보상해야 한다.
❸ 남의 물건을 도둑질한 사람이 남자면 도둑 맞은 사람의 '노'로, 여자면 '비'로 만든다. 만일 도둑질한 사람이 죄를 벗으려면 50만 전의 돈을 내야 한다.

고조선에도 노예가 있었나요?

범금팔조에는 남의 물건을 훔친 사람은 노예로 만든다는 내용이 있어요. 이는 고조선 사회가 계급 사회였다는 것을 말해 주지요. 도둑질한 사람이 죄를 벗으려면 돈을 내야 한다는 내용으로 보아 노예를 사고파는 일도 법으로 허용했으며, 화폐를 주고받는 경제 활동이 상당히 발전했던 것으로 보여요. 범금팔조는 매우 엄해서 부자들이나 힘이 센 귀족들에게는 아주 좋은 법이었어요.

고조선에도 천문학자가 있었나요?

평안남도 증산군 용덕리에서 발견된 고인돌의 덮개돌에는 북극성을 중심으로 10여 개의 별자리나 의미를 알 수 없는 표시들이 있어요. 이것을 두고 어떤 역사가들은 고조선에 천문학자가 있었으며, 천문학이 발달했다고 여기기도 해요. 청동기에 천체 현상을 무늬로 새겨 넣은 것만 보아도 고조선 사람들이 날씨 변화나 천체 현상에 관심이 많았다는 것을 알 수 있어요.

평양 상원군 귀일리 고인돌 덮개돌의 별자리로 보이는 구멍들
귀일리 고인돌의 덮개돌에 북두칠성 모양의 구멍이 새겨져 있어요. 이를 통해 하늘에 대한 고조선 사람들의 생각을 엿볼 수 있지요.

고조선 사람들은 어디에서 제사를 지냈나요?

평양 상원군 귀일리 고인돌

고조선의 지배자들은 나라에 큰일이 생기거나 중요한 일을 결정할 때 신성한 곳에 모여서 점을 치거나 하늘에 제사를 지냈어요. 하늘에 제사를 지내고 백성들을 다스리던 이 신성한 곳을 '신시'라고 불렀어요. 신시는 제사에 쓰일 물건을 바치고 백성들이 필요한 물건을 받아 가기도 하면서, 오늘날의 시장 같은 역할을 하였지요.

제사를 끝내고 물물교환하는 사람들
고조선 사람들은 신시에서 제사를 지내고 나라의 중요한 일을 논의했으며, 죄인을 재판하고 처형했어요. 그리고 오늘날의 시장처럼 물물교환을 하기도 했어요.

● **점을 칠 때 사용했던 소뼈**
고조선과 이웃 부여에서는 전쟁 같은 중요한 일을 할 때면 먼저 점을 쳐서 신의 뜻을 물은 다음 신중하게 결정했어요. 점을 칠 때는 소뼈를 주로 썼지요. 소뼈 가운데 어깨나 발바닥의 뼈를 골라 미리 홈을 낸 다음, 그 홈에 불에 달군 막대기를 넣어 뼈가 갈라지는지를 살펴서 점을 치는 거예요. 만약 뼈가 갈라지지 않으면 좋은 징조라고 여겼고, 뼈가 갈라지면 좋지 않은 징조라고 여겼지요.

고조선 사람들은 죽으면 어떤 무덤에 묻혔나요?

청동기 시대 초기에는 사람이 죽으면 시체를 넣어 두는 구덩이 주위에 고임돌을 놓고, 그 위에 덮개돌을 덮어 무덤을 만들었어요. 이것을 고임돌이 있는 무덤이라고 해서 '고인돌'이라고 불러요. 이후 매장 풍습은 돌널무덤, 움무덤, 나무곽무덤으로 바뀌면서 무덤 속의 껴묻거리도 발전했어요.

마을 언덕 위에 세워진 고인돌
고인돌은 주로 주변을 멀리 내다보고 아래에서 올려다볼 수 있는 높은 곳에 세웠어요. 죽은 사람의 위엄을 과시하고 죽은 후에도 하늘과 곧바로 이어지기를 바랐기 때문이지요.

세 개의 독을 이어 만든 독무덤
항아리나 독을 한 개 또는 두세 개를 이어 만든 독무덤도 있어요. 독무덤은 대개 어린아이나 병에 걸려 죽은 사람을 묻을 때 쓰였어요. 독무덤으로 쓰이는 항아리는 크기가 작아서 어른을 묻을 때는 뼈만 추려 묻는 관으로 쓰이기도 했지요.

나무곽무덤
평양 정백동 유적에서 발견된 나무곽무덤이에요. 기다란 나무 판재를 이용해 덧널(곽)을 만들고 그 안에 무덤 주인의 관을 넣었어요.

바둑판 모양의 고인돌
전남 화순 효산리의 고인돌은 고임돌이 낮은 대표적인 바둑판 모양의 고인돌이에요.

고인돌 무덤은 왜 탁자나 바둑판 모양인가요?

고인돌이 왜 탁자나 바둑판 모양인지는 정확히 알 수 없어요. 하지만 죽은 사람이 저승에서 잘 살기를 비는 마음을 담아 당시의 최고 건축 기술로 만든 것은 분명하지요. 길쭉한 받침돌 위에 덮개돌을 올린 탁자 모양의 고인돌은 랴오둥 반도와 한반도 서북 지방, 지린 성 일대에 걸친 북쪽 지역에서 많이 볼 수 있어요. 고임돌이 낮은 바둑판 모양의 고인돌은 전남 고창 같은 남쪽 지역에 많이 있어요.

탁자 모양의 고인돌
랴오둥 해성시 석목성에 있는 탁자 모양의 고인돌이에요.
어떤 사람들은 죽은 사람의 영혼이 하늘에서 편히 쉬도록 제사를 지내기 위해 제단과 같은 모습의 탁자 모양 고인돌을 만든 거라고 주장해요.

고인돌의 덮개돌을 옮기는 과정
① 고인돌의 덮개돌은 큰 통나무 여러 개를 깔아 무덤을 세울 곳까지 옮깁니다. 때로는 물길로 옮기기도 합니다.
② 옮겨 온 돌로 고인돌을 세웁니다. 고임돌 위에 덮개돌을 얹을 때는 땅에서 고임돌 꼭대기까지 완만한 경사로 둔덕을 만듭니다.
③ 경사를 이용해 덮개돌을 올린 다음 흙을 없애면 고인돌이 완성됩니다.

바위에 홈을 파 구멍을 낸 자리
바위틈에 깊은 홈을 파서 나무 말뚝을 박은 다음 물을 적셔요. 나무가 물에 불어 늘어나면 바위가 쩍 하고 갈라지지요. 이렇게 떼어 낸 바윗돌로 고인돌을 만들어요.

돌을 캐내던 채석장
고인돌을 만들기 위해 바윗돌을 떼어 내던 랴오둥 해성시 석목성의 채석장이에요.

고조선 사람들은 농사를 지었나요?

고조선 사람들은 농사를 지어 곡식을 얻었어요. 대전에서 발견된 농경무늬 청동기에는 농사짓는 모습이 새겨져 있어요. 여기에는 오늘날에도 쓰이는 따비, 괭이 같은 농기구들이 보이는데, 당시 사람들의 뛰어난 농사 기술을 한눈에 알 수 있지요. 밭농사뿐만 아니라 논둑을 만들어 논을 꾸미고 물막이 시설을 두어 지금과 비슷한 기술로 논농사도 지었어요.

농경무늬 청동기의 뒤
뒷면에는 새가 나뭇가지에 앉아 있는 모습이 있어요. 새는 곡식과 관련된 신으로 숭배되었기 때문에 수확이 많기를 바라며 새긴 것이지요.

농경무늬 청동기의 앞
앞면에는 봄에 따비로 땅을 일구고 씨를 뿌리며, 여름에 괭이로 잡초를 뽑고, 가을에 수확하는 모습이 담겨 있어요.

울산 무거동 논자리
청동기 시대에 벼농사를 지은 흔적을 알 수 있는 논자리 유적이에요. 네모난 작은 논과 논둑을 만들어, 논에 물을 가두거나 흘려보내는 물꼬의 흔적도 보여요.

논둑
논
물꼬

고조선 사람들은 어떤 농기구를 썼나요?

고조선 초기에는 쉽게 구할 수 있는 돌로 만든 도구에 나무로 만든 자루와 손잡이를 단 농기구를 썼어요. 그 후 철기가 발달하면서 쇠로 만든 농기구들이 다양하게 쓰였지요. 쇠는 단단할 뿐만 아니라 여러 모양으로 쉽게 만들 수 있어요. 쇠로 만든 농기구들은 고조선의 농업을 크게 발전시켰어요.

이삭을 딸 때 쓰는 반달돌칼
1~2개의 구멍을 뚫고 끈을 달아 손등에 건 다음 돌칼을 손에 쥐고 썼지요.

곡식을 가는 갈돌
모아진 이삭들은 갈돌로 껍질을 벗겨 가루로 만들어 먹거나, 토기나 시루에 넣고 밥이나 떡을 해 먹었어요.

쇠스랑
땅을 일굴 때 쇠스랑을 썼어요. 쇠로 갈퀴 모양의 발을 만들고, 구부러진 한쪽 끝에 긴 나무 자루를 박았어요.

쇠낫
쇠낫은 주로 수확할 때 쓰였어요. 벼 이삭을 여러 포기씩 한꺼번에 벨 수 있어 편리했어요.

쇠따비
따비는 풀뿌리를 뽑거나 밭을 갈 때 쓰였어요.

● **쇠로 만든 농기구**
중국 랴오둥 지방과 대동강 유역에서는 고조선 후기의 것으로 보이는 쇠로 된 무기류와 농기구들이 많이 발견되고 있어요. 쇠로 만든 다양한 농기구들로 보아 고조선의 농업이 매우 발달했다는 것을 알 수 있지요. 쇠는 구리나 주석, 아연보다 쉽게 구할 수 있는 데다 청동기에 비해 단단하고 여러 모양으로 만들기도 훨씬 편했어요. 쇠로 농기구를 만들어 쓰면서 수확물이 크게 늘어나자 먹을 것도 풍부해졌어요.

고조선 사람들은 어떤 음식을 먹었나요?

고조선 사람들은 쌀, 조, 기장, 수수, 피, 콩, 보리, 밀 같은 알곡으로 밥과 죽을 해 먹었어요. 쌀은 다른 곡식보다 맛이 좋았지만 귀해서 주로 귀족들이 먹었지요. 백성들은 조나 기장, 수수, 피와 같이 야생에서 나는 곡식을 먹었어요. 집짐승으로 기른 소, 말, 돼지, 닭의 고기를 먹거나 사슴, 멧돼지, 노루 같은 산짐승 고기도 먹었어요. 고기잡이로 고래, 송어, 연어, 고등어 같은 물고기도 잡았지요. 산열매나 고사리, 미나리 같은 산나물도 반찬으로 먹었어요.

오래되어 숯처럼 된 쌀과 조
평양 남경 유적에서는 오래되어 숯처럼 된 쌀(왼쪽)과 조(오른쪽), 수수 등이 발견되어 고조선 사람들이 무엇을 먹고 살았는지 알 수 있지요.

볍씨가 찍힌 토기
진주 대평리에서 발견된 토기에는 볍씨가 찍혀 있어요.

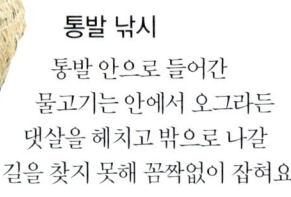

통발 낚시
통발 안으로 들어간 물고기는 안에서 오그라든 댓살을 헤치고 밖으로 나갈 길을 찾지 못해 꼼짝없이 잡혀요.

숟가락과 시루
뼈로 만든 숟가락(왼쪽)과 음식을 찔 때 주로 쓴 시루(아래쪽)예요.

고조선 사람들은 어떤 그릇을 썼나요?

고조선 사람들은 사발, 보시기, 독, 항아리 등 매우 다양한 그릇들을 썼어요. 사람마다 그릇도 따로 썼지요. 음식을 조리할 때는 가마솥과 시루, 국자 등을 썼는데, 특히 시루를 많이 썼어요. 시루에다가 곡식 가루와 함께 여러 가지 채소와 고기를 넣어 떡처럼 쪄 먹었어요. 음식이 다 되면 밥상에 올려 숟가락으로 먹었어요.

표주박처럼 생긴 미송리형 토기는 어디에 쓰였나요?

미송리형 토기와 팽이 모양의 무늬 없는 토기는 고조선 사람들이 가장 많이 쓰던 그릇이에요. 그중에서도 평안도 미송리 동굴 유적에서는 표주박 모양의 그릇이 많이 나오는데, 이것을 미송리형 토기라고 해요. 이 그릇들은 생김새보다 쓰임새를 살려 만든 것으로, 주로 부엌 한쪽에 두고 물을 긷거나 음식을 담는 데 쓰였어요.

미송리형 토기
미송리형 토기는 어깨 부분에 줄이 몇 개 그어져 있고, 표주박에서 꼭지를 잘라 낸 모양이에요. 두 손으로 들고 옮기기 쉽도록 꼭지 모양의 손잡이가 달려 있지요.

붉은간토기
겉에 붉은색 칠을 하고 반들거리게 문질러서 구운 토기예요. 붉은간토기는 대개 입구가 좁은 단지 모양이에요.

팽이형 토기
무늬가 없는 이 토기는 생김새가 팽이를 닮아서 팽이형 토기라고 불려요. 대동강 유역의 고인돌 유적 근처에서 많이 나오고 있어요.

● **모양도 쓰임새도 다양한 민무늬토기**
고조선의 그릇은 대개 겉에 아무런 무늬가 없는 민무늬토기였어요. 그릇의 종류도 대접, 접시, 항아리, 독, 시루 등 다양했어요. 미송리형 토기, 송국리형 토기 등은 발굴된 유적에서 비롯된 이름이고 팽이형 토기, 붉은간토기, 검은간토기, 덧띠토기는 토기의 형태에 따라 붙여진 이름이에요.

고조선 사람들은 어떤 옷을 입었나요?

고조선의 남자는 머리에 상투를 틀고 바지와 저고리를 입었으며, 여자는 치마를 입었다고 해요. 중국과의 무역품에 반점이 박힌 짐승 가죽 옷과 가죽 천이 나오는 것으로 보아 가죽 옷도 즐겨 입은 것으로 보여요. 귀족의 무덤에서 나오는 청동 단추와 옥으로 만든 목걸이 같은 장신구들은 고조선 사람들이 화려한 치장을 좋아했다는 것을 말해 주지요.

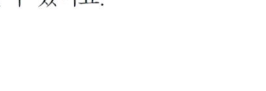

옥 목걸이
대롱처럼 속이 빈 옥 목걸이예요. 치렛거리들을 통해 귀족들의 화려한 치장을 짐작할 수 있어요.

바늘통과 가락바퀴
고조선 사람들은 다양한 옷감을 만들어 냈어요. 가죽을 다듬어 옷을 만드는 솜씨도 뛰어나 중국에까지 알려졌다고 해요. 위 사진의 왼쪽은 뼈로 만든 바늘과 바늘통이고, 오른쪽은 실을 감는 기구인 가락바퀴예요. 모두 굴포리 유적에서 나왔어요.

부여 송국리의 집터 유적
둥근 모양(위쪽)과 네모진 모양(아래쪽)의 집터예요. 집터에는 불을 피운 흔적들이 보여요.

고조선 사람들은 어떤 집에서 살았나요?

처음에는 땅을 판 움집에서 살았지만 온돌 같은 난방 시설을 갖추면서 방바닥이 차츰 땅 위로 올라가고, 벽과 통풍구도 생겼어요. 집터는 한 가족이 모여 살 만큼 넓어졌어요. 어떤 집은 칸막이를 세우기도 했어요. 수확물이 늘고 사회가 점점 발달하자 살림 공간이 나뉘게 되고, 별도의 저장 장소도 필요해졌지요.

고조선 사람들도 온돌을 썼나요?

추운 겨울을 나려면 방 안을 따뜻하게 해 줄 난방 시설이 필요했어요. 그래서 잠자리에 들 공간에 불을 때서 따뜻하게 온기를 보존하는 온돌(구들)을 깔았지요. 온돌은 오늘날처럼 방바닥 전체에 깐 것이 아니라 잠자리 부분에만 깔았어요. 이렇게 한쪽에만 온돌을 깔았다고 하여 '쪽구들'이라고 해요.

세죽리 집터의 온돌 시설
평안북도 영변군 세죽리에서 발견된 온돌의 흔적이에요.
온돌은 훗날 고구려에 전해져 널리 쓰였어요.

고조선의 마을은 어떻게 이루어졌나요?

사람들은 부족을 이루어 야트막한 언덕에 울타리를 세우고 그 안에 집과 창고, 신전, 기도소 같은 커다란 건물을 지었어요. 적이 쳐들어오는 것도 막고, 여러 사람이 공동으로 생활할 수 있는 부족 마을이 생겨났지요.

고조선 왕의 무덤은 어디에 가면 볼 수 있나요?

만주의 선양 외곽에는 정씨 성을 가진 사람들이 많이 살아서 '정가와자'라는 이름이 붙은 마을이 있어요. 1965년에 이 마을의 저습지에서 많은 청동기를 껴묻은 움무덤이 발견되었지요. 많은 학자들은 이 무덤이 고조선 왕의 무덤일 거라고 생각해요. 선양이 청동기 시대에 고조선의 세력 범위에 있던 매우 중요한 지역이었기 때문이에요. 2500여 년 전 고조선은 연나라 세력이 요령성 일대로 진출하자 그들이 누리던 선진적인 철기 문화를 받아들여 중앙 왕실의 지배 권력을 다져 나갔어요.

정가와자 6512호 무덤의 주인
이 무덤의 주인은 청동 검을 허리에 차고 가슴에 청동 거울을 매달고 있어요. 네 마리의 말이 끄는 수레를 타고 만주 벌판을 누비던 고조선의 왕으로 짐작돼요.

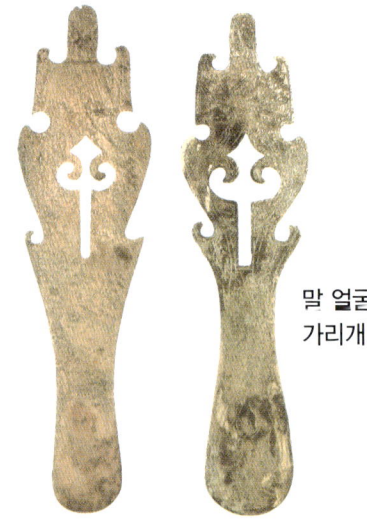

말 얼굴 가리개

허리띠 고리

평양 정백동의 고조선 무덤에서 나온 말 얼굴 가리개와 허리띠 고리
흉노나 선비족의 장신구에서 자주 보이는 것으로 고조선 사회에도 유목민의 문화가 많은 영향을 미쳤음을 알 수 있어요.

고조선의 왕실은 왜 흉노족과 손을 잡고 힘을 길렀나요?

고조선이 한창 성장해 나갈 무렵 고조선 사람들은 중국은 물론 북방의 유목 부족들과도 손을 잡고 새로이 철기 문화를 받아들여 힘을 키워 나갔어요. 이때 고조선 북쪽 지역에서 가장 강한 나라는 흉노였어요. 고조선이 북방의 강자 흉노와 손을 잡은 것은 중국 세력의 위협에서 벗어나 독자적인 강국으로 거듭나려는 노력이었지요. 이렇게 고조선과 흉노가 힘을 합쳐 중국을 위협하자 한나라 왕실은 상대적으로 힘이 약한 고조선을 먼저 정복해 둘 사이의 관계를 떼어 놓았어요.

고조선은 왜 한나라와 전쟁을 벌였나요?

위만이 왕이 되자 고조선의 힘은 더욱 강해졌어요. 위만조선은 쇠로 만든 우수한 무기를 앞세워 주변을 정복해 나갔지요. 고조선은 한나라와 주변국들의 무역을 가로막을 정도로 힘이 셌어요. 강력해진 고조선은 한나라가 중국 동북 지역의 다른 민족을 지배하는 데 장애물이 되었지요. 한나라는 고조선에 사신 섭하를 보내 한나라를 섬기라고 했지만, 고조선은 말을 듣지 않았어요. 고조선을 칠 기회를 엿보던 한나라의 무제는 고조선에서 섭하를 죽이자 그것을 구실 삼아 전쟁을 벌였어요.

고조선의 유물로 전해지는 칼과 칼집
쇠로 된 칼날이 심하게 부식되었어요. 칼집은 나무로 만든 후 옻칠을 했는데 칼집의 일부는 복원한 것이에요. 평양에서 출토된 것으로 전해지며 칼의 길이는 47.5센티미터예요.

쇠화살촉
함경북도 무산 범의구석 유적에서 나온 쇠로 만든 화살촉이에요.

쇠 창
경주 황성동 유적에서 나온 쇠 창들이에요. 쇠로 만든 긴 창은 강도나 파괴력이 예전과는 비교가 되지 않을 정도로 강했어요.

전쟁이 일어나면 누가 나가 싸웠나요?

고조선에는 나라 안의 치안을 담당하고, 나라 밖의 적을 막는 군대가 있었어요. 그 군대의 지휘 관직으로는 '장군'이 있었지요. 그러나 전쟁이 일어나 적이 쳐들어오면 평상시에는 들에 나가 농사를 짓는 부지런한 농민들이 전사가 되어 적군에 맞서 싸우는 군인으로 활약했어요. 그러니까 평범한 백성들이 고조선의 가장 용감한 군인이었지요.

고조선 사람들은 어떤 무기로 싸웠나요?

쇠를 사용할 줄 알게 되면서 무기도 쇠로 바뀌고 전쟁은 더욱 치열해졌어요. 청동으로 만든 무기도 여전히 쓰였지만, 방아쇠와 나무를 이용해 여러 대의 화살을 잇달아 쏠 수 있는 쇠뇌 같은 무기가 발명되어 고조선의 군사력이 한층 강해졌지요. 중국 랴오둥 지방과 대동강 유역에서는 쇠로 만든 칼, 창, 도끼, 화살촉 같은 무기들이 많이 발견되고 있어요.

활보다 강력한 쇠뇌
쇠뇌는 화살을 달고 방아쇠를 당겨 목표물을 맞히는 무기예요. 손으로 시위를 당기는 화살보다 더 멀리 정확하게 겨눌 수 있지요.

쇠로 만든 긴 칼들
김해 대성동에서 나온 쇠칼들이에요. 맨 오른쪽은 고구려의 벽화에서도 볼 수 있는 환두대도예요.

한나라가 침입하자 왕검성을 끝까지 지킨 사람은 누구인가요?

고조선은 중국 한나라 대군의 공격을 받고도 무려 일 년을 버틸 정도로 강력한 나라였어요. 한나라는 힘으로 고조선의 수도인 왕검성을 무너뜨릴 수 없다는 걸 깨닫자 몰래 암살자를 보내 고조선의 마지막 왕인 우거왕을 죽였어요. 그리고 관리들에게는 뇌물을 듬뿍 주어 항복하게 만들었지요. 고조선에 나라를 책임질 사람이 없어지게 된 셈이었어요. 우거왕의 신하였던 성기는 남아 있던 백성들과 함께 끝까지 왕검성을 지키다가 장렬히 전사했어요.

● 고조선의 수도 왕검성은 어디에 있었을까요?
왕검성은 흔적이 거의 남아 있지 않아 위치를 정확하게 알 수 없어요. 다만 고조선이 한나라와 전쟁할 때 왕검성이 대동강 북쪽에 위치했던 것으로 기록되어 있고, 현재 고구려 왕성인 평양성 옆에 그보다 먼저 지어진 청암리 토성이 위치하고 있어 그 근처로 추정하고 있어요.

고조선이 망한 후 그 지역은 어떻게 되었나요?

고조선이 망하자 한나라는 그 지역에 낙랑, 진번, 임둔, 현도라는 네 개의 군을 두어 다스렸어요. 하지만 대부분의 고조선 사람들은 살던 땅에 남아 한나라에 강력하게 저항했어요. 그 후 고조선의 후손들은 철기 문화를 바탕으로 각지에서 나라를 세웠어요. 이들이 바로 고구려와 삼한입니다. 어떤 사람들은 발전이 뒤처진 남쪽으로 내려가 기술을 가르쳐 나라를 세우는 중요한 세력이 되기도 했어요. 이들은 신라를 세울 때도 매우 큰 역할을 했지요.

고조선 이후의 나라들

고조선 후기 위만이 왕위에 있을 때 그 주변 지역에서 부여, 고구려, 옥저, 동예, 삼한 등 여러 나라가 등장했어요. 부여는 고조선에 이어 두 번째로 세워진 나라였어요. 고구려는 처음부터 고조선 땅에서 청동기와 철기 문화를 배우면서 성장했어요. 백제는 고조선의 후손인 고구려 유민들이 마한 땅에 내려가 세운 나라예요. 훗날 신라도 고조선 사람들의 영향을 받았어요.

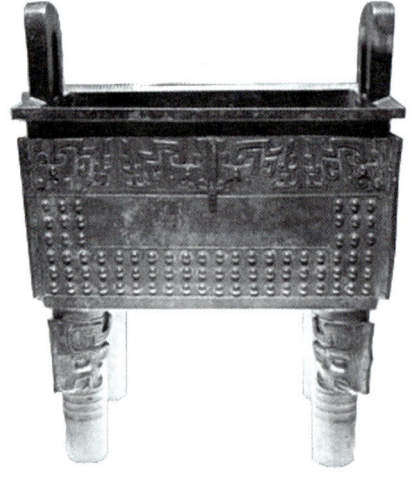

'기후(箕侯)' 글자가 새겨진 청동 제사 용기

'기후'란 '기씨 성을 가진 제후'라는 뜻입니다. 기자나 기자의 후손을 가리키는 것이지요. 이런 흔적은 랴오닝성 서쪽에서 발견되고, 랴오둥이나 한반도에서는 발견되지 않았어요. 이를 통해 기자가 고조선 땅에 오지 않았음을 알 수 있지요.

중국 사람 기자가 고조선의 왕이 되었다는데 사실인가요?

일연이 쓴 《삼국유사》와 중국 한나라의 사마천이 쓴 《사기》에는 중국 사람 기자가 동쪽 고조선에 와서 왕이 되었다는 내용이 쓰여 있어요. 그러나 중국의 다른 문헌들에 따르면, 기자는 중국 상(은) 나라 황제 밑에 있다가 주나라 무왕이 상나라를 치고 일어서자 무왕 밑에서 일했다고 해요. 또한 기자의 무리가 우리 땅에 왔다면 그들이 사용하던 중국제 물건들이 발견되어야 할 텐데 전혀 발견된 적이 없어요. 한마디로 기자가 동쪽으로 왔다는 주장은 중국 한나라의 역사가들이 만들어 낸 이야기라고 할 수 있어요.

《삼국사기》에는 왜 고조선의 역사가 기록되지 않았나요?

'고조선이 우리 역사의 시작'이라는 생각은 몽골 세력이 우리 땅을 침략하던 당시 고려 지식인들 사이에서 처음으로 생겨났어요. 김부식이 《삼국사기》를 쓰던 당시에는 우리 역사의 시작이 고조선이라는 생각을 못 했지요. 그래서 우리 역사를 기록한 가장 오래된 문헌인 《삼국사기》에는 우리 역사의 출발인 단군조선과 단군 신화에 대한 내용이 빠져 있어요. 그러나 일연이 쓴 《삼국유사》에는 다행히 오래전부터 내려오던 단군에 대한 이야기를 고려 시대 불교 승려의 지식과 개념을 바탕으로 정리해 놓았어요.

《삼국유사》의 고조선 부분
《삼국유사》 고조선조에서 승려 일연은 '단군조선'을 위만이 세운 '위만조선'보다 옛날에 세워진 조선이라는 의미로 '고조선'이라 불렀어요. 또 고조선을 세운 분이 단군왕검이기에 '왕검조선'이라고도 표기했지요.

고조선 사람들이 살던 모습을 어떻게 알 수 있지요?

중국의 랴오둥 지역과 북한의 평양 대동강 유역에는 고조선 시대의 무덤들과 청동과 쇠로 만든 무기와 장식품, 돈 그리고 그릇 같은 유물들이 많이 나와요. 역사가들은 이러한 물건들을 자세히 연구해요. 마치 탐정이 사건의 실마리를 찾듯이, 역사가들은 이러한 흩어진 조각을 이어 맞춰 고조선의 역사를 찾아내는 거예요.

고인돌 끄는 장면을 재현하는 어린이들
고조선의 여러 유적은 3천 년에 가까운 세월을 견뎌 왔어요. 그러나 오늘날에는 후손들의 잘못으로 많이 훼손되고, 또 대부분 중국 땅에 속해서 보존과 관리가 잘 이루어지지 않아요. 우리 역사의 첫 나라 고조선에 관심을 갖고 하루빨리 보호의 손길을 보내야 해요.

우리 역사상 첫 국가 고조선

청동기를 사용하면서 생활에 많은 변화가 일어났습니다

기원전 2000년경 요령성 지역과 한반도에도 서서히 청동기 문명이 알려지기 시작했습니다. 그 후 기원전 1000년을 넘어서면서 본격적으로 청동기가 널리 사용되었습니다.

청동기의 사용은 사람들의 생활에 많은 변화를 가져왔습니다. 집단 간에는 정복 전쟁이 활발히 일어났습니다. 각 지역 집단에는 힘과 재산을 지닌 우두머리 군장이 있었습니다. 군장은 지역 집단을 다스리고 전쟁을 지휘하는 일 외에도, 하늘에 제사를 지내는 일을 주관했습니다. 당시에 농사는 중요한 생계 수단이었습니다. 과학적인 농사 기술과 변변한 농기구가 없었기 때문에 사람들은 하늘에 전적으로 의지했습니다. 따라서 하늘의 뜻을 알아내는 제사장의 권위가 높을 수밖에 없었습니다.

랴오둥 윤가촌에서 나온 비파형 동검
기원전 1000년경부터 중국 문명이나 오르도스 평원의 흉노 청동기 문화와는 다른 청동기 문화가 중국 동북 지방에서 번성하기 시작했어요.

단군왕검이 제사장이자 임금으로서 고조선을 다스립니다

지금으로부터 3천 년경, 청동기를 사용하던 여러 주민 집단이 지금의 중국 요령성과 길림성 및 한반도 서북 지방에 살고 있었습니다. 이 지역에서는 일찍부터 농업이 발달했고 해산물과 광물도 많이 나왔습니다. 유리한 자연 조건을 이용하면서 지내던 여러 집단 가운데 한 집단이 점차 주변 집단들을 아우르면서 나라 모양을 갖추게 된 것이 고조선입니다.

《삼국유사》에는 처음으로 고조선을 세운 이가 '단군'이라고 기록되어 있습니다. 고조선의 첫 임금은 자신이 하늘의 부름을 받은 성스러운 사람이라는 사실을 알리기 위해 나라를 세운 과정을 신들의 이야기로 꾸몄습니다. 단군 신화는 이렇게 탄생했습니다.

새로운 나라를 세운 힘 있는 사람들은 먼저 자리 잡고 살던 사람들을 정복하고 나라를 건설하는 과정에서 자신들의 지배를 합리화하기 위해 하늘의 자손임을 내세웠습니다. 단군 신화에서 곰과 호랑이가 먹느라 힘들었던 쑥과 마늘은 농사를 짓는 사람들이 집 주변에서 자주 볼 수 있는 것들입니다. 이를 통해 고조선 사람들이 농사를 아주 중요하게 여기고 살았음을 알 수 있습니다. 고조선의 왕은 하늘에 제사를 지내면서 나라의 중요한 일을 처리했습니다.

'단군왕검'이라는 이름에는 제사를 지내는 우두머리이면서 임금이라는 뜻이 담겨 있습니다. 단군조선 시기에는 여러 명의 단군(제사장)이 있어 여러 지역에서 지역 집단을 이끌었습니다. 이후 초기 부족 사회가 점차 주변 지역을 정복하고 통합해 가는 과정에서 '단군왕검'이 고조선의 최고 지배자로 자리 잡았습니다.

고조선은 중국 연나라와 힘을 겨룰 만큼 세력을 키웠습니다

기원전 7세기 무렵 고조선은 중국 땅에서 멀리 떨어진 곳에 위치하고 있었습니다. 고조선 땅에서는 많은 특산물이 나왔는데 그중에서도 점무늬가 박힌 호랑이 가죽을 비롯한 짐승 가죽이 제일 유명했습니다.

기원전 4~3세기 무렵, 고조선을 지배한 사람은 스스로 왕이라 칭하고, 상당한 힘을 길러 중국의 연나라와 힘의 우위를 다투었습니다.

고조선 사람들은 랴오둥 지역과 대동강 주변에 살면서 농사를 짓고 이웃 나라와 교류하며 생활했습니다. 그런데 중국 땅에서는 주나라 왕실의 힘이 약해지고 여러 나라들이 전쟁을 벌이게 되자 사람들이 전쟁의 소용돌이를 피해 조용하고 살기 좋은 땅을 찾아 떠났습니다. 이들 가운데 많은 사람이 고조선 땅에 와서 살게 되었습니다. 점차 고조선 각 지역의 세력들이 힘을 키워 갔고 중앙의 왕도 지역 집단들을 이끌 수 있는 실력을 갖추게 되었습니다. 준왕 때에 이르기까지 여러 왕이 왕위를 이었고, 중앙 왕실에는 박사와 대부라는 관리도 두어 왕의 정치를 도왔습니다.

황해도 은율군 관산리 고인돌
황해도 구월산 자락에 제단을 만들고 그 위에 세운 탁자식 고인돌로 뚜껑돌이 10여 미터에 달해요. 청동기 시대 고조선의 지배자가 강력한 힘을 지녔음을 보여 주지요.

고조선은 철기를 사용하면서 급격히 성장합니다

기원전 4~3세기경 중국을 통해 철기가 우리 땅에 전해졌습니다. 철기는 고조선이 국가의 형태를 다지는 데 가장 큰 원동력이 되었습니다. 고조선 사람들은 철제 도끼와 자귀를 만들어 나무를 베어 농사지을 땅을 깊이 갈 수 있었고, 적은 수고로 많은 곡식을 거둘 수 있었습니다. 철제 농사 도구가 발전하면서 고조선 사회의 농업 생산은 급격히 높아졌습니다. 덕분에 고조선은 부강한 나라로 성장할 수 있었습니다. 또한 고조선은 철로 만든 무기를 앞세워 정복 전쟁에 더욱 박차를 가해 점점 더 넓은 영토를 차지하게 되었습니다. 내부적으로는 왕을 중심으로 지배 체제를 정비하여 나라의 기틀을 다져 나갔습니다.

고조선은 사방 수천 리에 이르는 영토를 가지게 됩니다

지금으로부터 2500년 전쯤 준왕이 왕위에 있을 때 고조선은 중국 연나라와 힘을 겨룰 정도로 성장했습니다. 중국 사람들은 이런 고조선을 제후로서 대접하고 '조선후의 나라'라고 불렀습니다. 그러나 고조선에서는 '조선후'라는 이름 대신 스스로를 '왕'이라고 불렀습니다. 고조선의 왕권은 이전에 비해 매우 강해졌고, 고조선은 국가의 틀을 갖추기에 이르렀습니다. 고조선의 왕은 자신의 힘을 믿고 중국 연나라와 전쟁을 벌이고자 했습니다. 그러나 신하인 '예'가 만류하자 그만두었습니다.

기원전 2세기 초 연나라 왕 노관의 부관이던 위만은 자신이 모시던 상관이 다른 나라로 망명하자, 그를 따라가지 않고 연나라 동쪽에 있는 고조선에 와서 준왕의 신하가 되었습니다. 고조선의 준왕은 위만을 신임하고 서쪽 땅 일부를 주어 그 지역 주민을 다스리도록 했습니다.

위만은 고조선의 서쪽 변경 지역으로 이주해 오는 중국 사람들을 모아 정착하게 하고, 그 일대에 사는 고조선 주민들을 잘 다스려 신망이 높아졌습니다. 곧이어 위만은 자신을 따르는 주민과 관리들의 힘을 빌려 준왕을 밀어내고 왕위에 올랐습니다.

위만은 새로운 왕조를 유지하기 위해 중국에서 흘러 들어온 세력과 토착 고조선 사람을 모두 관리로 임명해 정치의 안정을 꾀했습니다. 왕 혼자서 모든 일을 처리하지 않고, 각 지방의 일은 그 지방에서 알아서 처리하도록 권한을 주었으며, 나라 전체에 관한 일은 상(相)과 장군들이 모인 귀족 회의에서 결정했습니다. 그리고 중국의 철기 문화를 받아들여 군사력을 키웠습니다. 게다가 한반도 남부에 생겨난 여러 나라가 한나라와 교역하는 것을 통제하면서 중간에서 중계 무역을 해서 많은 이익을 얻었습니다.

위만은 한나라와 동맹을 맺은 덕분에 중국 여러 나라와 활발하게 교류할 수

철제 투겁창
철제 조각칼
철제 가랫날

철제 괭이
철제 자귀

평안북도 위원군 용연동에서 나온 철제 무기와 농기구

철기는 고조선이 국가의 형태를 다지는 데 가장 큰 원동력이 되었어요. 철제 무기는 청동기보다 강력하지요. 게다가 철광석은 재료를 비교적 쉽게 구할 수 있었고, 제작 역시 청동에 비해 비교적 간편했어요.

있었습니다. 고조선이 있던 랴오둥 및 서북한 지방에서 중국 고대 동전인 화천과 오수전, 한나라 거울이나 기와 및 일본 야요이 시대에 유행한 토기, 청동 창 등이 나옵니다. 이는 고조선 땅으로 왕래하던 중국 장사치들이나 일반인들이 사용한 물건으로, 고조선 사람들이 외국과 자주 교류했음을 알 수 있습니다.

이후 고조선은 더욱 강해진 힘을 바탕으로 이웃한 동옥저와 임둔, 진번 같은 나라들을 정복하여 사방 수천 리에 이르는 영토를 가진 나라가 되었습니다.

고조선과 한나라가 전쟁을 벌입니다

고조선의 왕은 중계 무역의 이익을 독점하기 위해 한강 이남에 있는 진국 등 여러 나라가 한나라와 직접 교류하는 것을 막았습니다. 게다가 고조선은 북방에 사는 흉노족과 손을 잡고 중국의 힘에서 벗어나 독자적인 세력을 형성하려고 노력했습니다. 한나라는 흉노와 고조선의 연결을 끊고 동북아시아에서 세력을 굳건히 하기 위해 전쟁을 일으켰습니다. 한 무제의 정벌군은 육지와 바다 양쪽에서 고조선을 대대적으로 공격했습니다. 그러나 고조선의 완강한 저항 앞에 별반 성과를 얻을 수 없었습니다. 전쟁은 일 년 정도 지속되다가 왕검성 내부에서 분열이 일어나 고조선의 대신들이 도망쳐 한나라 군대에 항복했습니다. 이후 고조선의 마지막 왕인 우거왕마저 살해되자 마침내 왕검성은 함락되고 고조선은 멸망했습니다(기원전 108년). 한나라는 고조선을 멸망시키고 그 땅에 네 개의 군을 두었습니다. 고조선 땅에 군현을 설치한 한나라는 일정한 경제적 이익을 보장받는 조건으로 군현을 유지하려 했습니다. 군현의 관리는 한나라에서 파견되었지만 실제는 고조선 토착 세력의 자치에 의존했습니다. 설치된 때부터 멸망할 때까지 여러 변화가 있었지만, 한나라의 군현은 400년이 넘는 긴 시간에 걸쳐 우리 역사에 영향을 주었고 서로 전쟁을 벌이기도 했습니다.

청암리 토성
평양성 근처에 있는 청암리 토성은 고조선 시기의 유적이 나와 멸망 당시의 왕성검으로 추정돼요.

찾아보기

ㄱ
거푸집 13
고구려 4, 6, 34
고조선에서 발견되는 외국 유물
　—오수전 14
　—일본 투겁창 14
　—일본 꺾창 14
　—한나라 청동 거울 14
관직
　—대부 18
　—박사 18
　—상 18, 38
　—장군 18, 31, 38

ㄴ
농경무늬 청동기 24
농기구 25
농사
　—논농사 24
　—밭농사 24

ㄷ
단군신화 6, 7, 35
단군왕검 6, 36, 37
덩이쇠 15

ㄹ
랴오둥(요동) 23, 25, 35
랴오허(요하) 5

ㅁ
명도전 14, 15
무기 32
무덤
　—강상무덤 10
　—고인돌(무덤) 5, 22, 23
　—나무곽무덤 22
　—나무널무덤 4, 5
　—독무덤 22
　—돌널무덤 22
　—움무덤 22
문자 17

ㅂ
바위그림 16
범금팔조(팔조금법) 19
별자리 20
보배조개 15
부여 4, 34
비파형 동검 4, 5, 10, 36

ㅅ
삼한 18, 34
세형 동검 4, 5, 10
쇠뇌 32
수레 15, 30
수렵 17
시루 26, 27
시장 20, 21
신시 20, 21
쌍두마차 15

ㅇ
연나라 4, 14, 37, 38
예맥족 4
온돌(구들) 28, 29
왕검성 8, 33
위만 18, 31, 38, 39
위만조선 18, 31
이형 청동기 12

ㅈ
전쟁 31, 32
제사 7, 11, 13, 20, 21, 23
집짐승 17
집터 4, 28

ㅊ
철기 4, 5, 15, 18, 34
청동 거울 11, 13
청동 방울 11
　—간두령 11
　—쌍주령 11
　—팔주령 11

ㅌ
토기
　—검은간토기 27
　—덧띠토기 27
　—미송리형 토기 5, 27
　—민무늬토기 27
　—붉은간토기 27
　—송국리형 토기 27
　—팽이형 토기 27
통발 낚시 26

ㅍ
평양 5, 35

ㅎ
한4군
　—낙랑 34
　—임둔 5, 34
　—진번 5, 34
　—현도 34
한나라 31, 33, 39
화폐 15, 19
흉노 30, 39

- B.C 70만 구석기 문화 시작.
- B.C 10만 평양시 역포 지역에서 사람이 살다(역포 아이).
- B.C 5만~3만 무렵 평남 덕천 승리산 동굴(승리산 사람), 평양 근처 만달리(만달 사람), 충북 청원 두루봉 동굴(흥수 아이)에서 사람이 살다.

- B.C 8000 신석기 문화 시작.
- B.C 5000 서울 암사동 유적지 이루어짐.
- B.C 4000 무렵 괭이, 낫, 돌보습으로 농사를 짓기 시작. 집짐승을 기르고 마을을 이룸.
- B.C 2333 『삼국유사』에 기록된 고조선 건국.
- B.C 2000 무렵 쌀농사 시작.

한국사		
세계사	B.C 450만~	B.C 8000~B.C 1000

- B.C 450만 오스트랄로피테쿠스 등장.
- B.C 200만 손쓴사람(호모하빌리스) 등장.
- B.C 160만 곧선사람(호모에렉투스) 등장.
- B.C 70만 북경원인, 불을 사용.
- B.C 40만 슬기사람(호모사피엔스) 등장.
- B.C 10만 네안데르탈인 등장.
- B.C 4만 슬기슬기사람(호모사피엔스사피엔스) 등장.
- B.C 1만 신석기 문화 시작.

- B.C 3000 이집트 문명, 메소포타미아 문명 시작.
- B.C 2500 인더스 문명, 황하 문명 시작.
- B.C 1800 함무라비 왕, 메소포타미아 통일.
- B.C 1728~1686 『함무라비 법전』 편찬.
- B.C 1600 중국 상나라(나중에 은나라로 바뀜) 건국.
- B.C 1400 미케네 문명 전성기.
- B.C 1200 페니키아 인, 알파벳 발명.
- B.C 1027 중국 주나라 건국.